1st Grade Math Workbook

Let's Learn How To Add & Subtract

Speedy Publishing LLC
40 E. Main St. #1156
Newark, DE 19711
www.speedypublishing.com

Name: _______________________________ Score: _______

<table>
<tr><td align="right">11</td><td></td><td align="right">47</td><td></td><td align="right">21</td></tr>
<tr><td align="right">+ 98</td><td></td><td align="right">+ 81</td><td></td><td align="right">+ 63</td></tr>
<tr><td>―――</td><td></td><td>―――</td><td></td><td>―――</td></tr>
<tr><td align="right">66</td><td></td><td align="right">58</td><td></td><td align="right">51</td></tr>
<tr><td align="right">+ 28</td><td></td><td align="right">+ 25</td><td></td><td align="right">+ 70</td></tr>
<tr><td>―――</td><td></td><td>―――</td><td></td><td>―――</td></tr>
<tr><td align="right">66</td><td></td><td align="right">93</td><td></td><td align="right">34</td></tr>
<tr><td align="right">+ 24</td><td></td><td align="right">+ 49</td><td></td><td align="right">+ 40</td></tr>
<tr><td>―――</td><td></td><td>―――</td><td></td><td>―――</td></tr>
</table>

Column Addition

Name: _________________________________ Score: _______

32	73	97
+ 22	+ 100	+ 97

55	74	64
+ 58	+ 65	+ 78

65	84	75
+ 41	+ 16	+ 19

Column Addition

Name: _________________________________ **Score:** _______

31	52	80
+ 90	+ 66	+ 60

80	17	65
+ 87	+ 98	+ 20

35	75	10
+ 80	+ 56	+ 89

Column Addition

Name: _________________________________ Score: _______

```
    28          42          67
+   92      +   26      +   73
  ____        ____        ____


    89          50          97
+   94      +   14      +   46
  ____        ____        ____


    70          78          11
+   43      +   78      +   74
  ____        ____        ____
```

Column Addition

87 + 42	17 + 34	15 + 91
11 + 91	60 + 75	67 + 38
67 + 46	83 + 26	55 + 62

Column Addition

Name: ________________________________ Score: _______

67 + 51	23 + 99	11 + 100
35 + 48	64 + 29	50 + 79
44 + 30	64 + 72	77 + 13

Column Addition

Name: ________________________________ **Score:** ______

59	24	94
+ 11	+ 99	+ 11

25	90	56
+ 28	+ 70	+ 79

50	64	32
+ 87	+ 19	+ 23

Column Addition

Name: _________________________________ **Score:** _______

67	42	81
+ 29	+ 93	+ 77

62	90	72
+ 46	+ 79	+ 88

62	28	49
+ 27	+ 20	+ 59

Column Addition

96 + 33	40 + 18	36 + 65
26 + 85	42 + 99	50 + 23
54 + 25	51 + 53	67 + 44

Name: ________________________________ Score: ________

63 + 54	70 + 89	91 + 42
30 + 28	97 + 25	22 + 60
49 + 52	65 + 29	69 + 56

Column Addition

Name: _________________________________ Score: _______

92 + 13	82 + 99	20 + 20
40 + 83	72 + 71	72 + 37
62 + 89	49 + 39	71 + 56

Column Addition

Name: ___________________________ Score: ______

<pre>
      41   33   13
  +   69   +   52   +   19
    ______   ______   ______

      60   100   74
  +   88   +   17   +   16
    ______   ______   ______

      35   75   87
  +   60   +   92   +   98
    ______   ______   ______
</pre>

Column Addition

Name: ___________________________ **Score:** ______

51 + 14	55 + 37	31 + 98
28 + 20	62 + 72	33 + 90
14 + 16	30 + 36	30 + 83

Name: _________________________ **Score:** _______

	81		16		69
+	37	+	52	+	71

	16		76		49
+	69	+	56	+	14

	70		45		31
+	82	+	48	+	93

Name: _________________________________ Score: ______

```
    77          36          15
+   65      +   93      +   34
_______     _______     _______


    16          12          15
+   97      +   61      +   26
_______     _______     _______


    40          19          15
+   47      +   82      +   14
_______     _______     _______
```

Column Addition

Name: ________________________________ **Score:** ______

56 + 32	60 + 38	67 + 78
48 + 92	58 + 44	16 + 47
35 + 51	15 + 37	14 + 18

Column Addition

Name: ______________________________ **Score:** ______

	16			65			35
+	46		+	45		+	53

	69			97			66
+	30		+	26		+	61

	15			53			48
+	85		+	65		+	69

Name: _________________________________ **Score:** _______

90 - 45	48 - 11	74 - 26
48 - 25	61 - 35	79 - 45
72 - 29	76 - 37	65 - 34

Name: _________________________________ Score: _______

	71		31		42
-	28	-	14	-	29

	67		32		44
-	20	-	17	-	26

	64		62		45
-	40	-	18	-	22

Column Subtraction

Name: _________________________________ Score: ______

47	84	54
- 33	- 42	- 41

90	58	80
- 45	- 17	- 45

53	45	69
- 16	- 22	- 34

Name: _______________________________ **Score:** _______

| 66 | 47 | 86 |
| - 45 | - 13 | - 49 |

| 76 | 43 | 50 |
| - 28 | - 22 | - 31 |

| 74 | 50 | 84 |
| - 46 | - 21 | - 46 |

Name: _________________________________   Score: _______

55 − 41	76 − 26	67 − 26
53 − 11	81 − 31	73 − 36
59 − 44	48 − 24	45 − 29

Name: _________________________ Score: ______

73	59	57
− 35	− 34	− 41

71	83	75
− 42	− 42	− 39

41	76	55
− 25	− 30	− 44

Name: _________________________________ **Score:** _______

68 - 25	76 - 46	62 - 18
74 - 27	91 - 48	69 - 39
71 - 28	27 - 11	20 - 10

Column Subtraction

	62		35		44
−	37	−	24	−	17

	70		37		84
−	36	−	17	−	49

	30		77		34
−	10	−	45	−	16

Name: _______________________________ Score: ______

	55		66		83
-	43	-	31	-	48

	46		69		40
-	13	-	45	-	14

	28		52		87
-	18	-	26	-	42

Name: _______________________________ Score: _______

	56		73		69
−	18	−	41	−	42

	71		47		30
−	27	−	18	−	10

	40		51		54
−	10	−	17	−	17

Name: _______________________________ **Score:** ______

75 - 39	78 - 29	37 - 26
32 - 16	42 - 14	87 - 40
61 - 38	41 - 29	61 - 32

Name: ________________________________ **Score:** ______

50	60	87
− 20	− 17	− 44

24	26	67
− 12	− 11	− 31

57	50	53
− 13	− 36	− 43

Column Subtraction

Name: _______________________________ Score: _______

	88		56		34
−	50	−	40	−	18

	63		86		76
−	48	−	37	−	49

	79		73		68
−	39	−	27	−	23

Name: ___________________________ **Score:** _______

50	63	52
− 21	− 21	− 13
51	52	52
− 37	− 23	− 24
57	48	64
− 44	− 26	− 18

Name: _______________________________ Score: _______

68	40	37
- 50	- 28	- 15

70	65	62
- 25	- 29	- 35

44	60	65
- 26	- 36	- 18

Column Subtraction

Name: _________________________ Score: _______

58	50	56
− 27	− 17	− 33
52	58	89
− 33	− 37	− 44
46	59	73
− 30	− 26	− 30

ANSWERS

11 + 98 = 109	47 + 81 = 128	21 + 63 = 84	35 + 80 = 115	75 + 56 = 131	10 + 89 = 99	35 + 48 = 83	64 + 29 = 93	50 + 79 = 129
66 + 28 = 94	58 + 25 = 83	51 + 70 = 121	28 + 92 = 120	42 + 26 = 68	67 + 73 = 140	44 + 30 = 74	64 + 72 = 136	77 + 13 = 90
66 + 24 = 90	93 + 49 = 142	34 + 40 = 74	89 + 94 = 183	50 + 14 = 64	97 + 46 = 143	59 + 11 = 70	24 + 99 = 123	94 + 11 = 105
32 + 22 = 54	73 + 100 = 173	97 + 97 = 194	70 + 43 = 113	78 + 78 = 156	11 + 74 = 85	25 + 28 = 53	90 + 70 = 160	56 + 79 = 135
55 + 58 = 113	74 + 65 = 139	64 + 78 = 142	87 + 42 = 129	17 + 34 = 51	15 + 91 = 106	50 + 87 = 137	64 + 19 = 83	32 + 23 = 55
65 + 41 = 106	84 + 16 = 100	75 + 19 = 94	11 + 91 = 102	60 + 75 = 135	67 + 38 = 105	67 + 29 = 96	42 + 93 = 135	81 + 77 = 158
31 + 90 = 121	52 + 66 = 118	80 + 60 = 140	67 + 46 = 113	83 + 26 = 109	55 + 62 = 117	62 + 46 = 108	90 + 79 = 169	72 + 88 = 160
80 + 87 = 167	17 + 98 = 115	65 + 20 = 85	67 + 51 = 118	23 + 99 = 122	11 + 100 = 111	62 + 27 = 89	28 + 20 = 48	49 + 59 = 108

96 + 33 = 129	40 + 18 = 58	36 + 65 = 101	41 + 69 = 110	33 + 52 = 85	13 + 19 = 32	77 + 65 = 142	36 + 93 = 129	15 + 34 = 49
26 + 85 = 111	42 + 99 = 141	50 + 23 = 73	60 + 88 = 148	100 + 17 = 117	74 + 16 = 90	16 + 97 = 113	12 + 61 = 73	15 + 26 = 41
54 + 25 = 79	51 + 53 = 104	67 + 44 = 111	35 + 60 = 95	75 + 92 = 167	87 + 98 = 185	40 + 47 = 87	19 + 82 = 101	15 + 14 = 29
63 + 54 = 117	70 + 89 = 159	91 + 42 = 133	51 + 14 = 65	55 + 37 = 92	31 + 98 = 129	56 + 32 = 88	60 + 38 = 98	67 + 78 = 145
30 + 28 = 58	97 + 25 = 122	22 + 60 = 82	28 + 20 = 48	62 + 72 = 134	33 + 90 = 123	48 + 92 = 140	58 + 44 = 102	16 + 47 = 63
49 + 52 = 101	65 + 29 = 94	69 + 56 = 125	14 + 16 = 30	30 + 36 = 66	30 + 83 = 113	35 + 51 = 86	15 + 37 = 52	14 + 18 = 32
92 + 13 = 105	82 + 99 = 181	20 + 20 = 40	81 + 37 = 118	16 + 52 = 68	69 + 71 = 140	16 + 46 = 62	65 + 45 = 110	35 + 53 = 88
40 + 83 = 123	72 + 71 = 143	72 + 37 = 109	16 + 69 = 85	76 + 56 = 132	49 + 14 = 63	69 + 30 = 99	97 + 26 = 123	66 + 61 = 127
62 + 89 = 151	49 + 39 = 88	71 + 56 = 127	70 + 82 = 152	45 + 48 = 93	31 + 93 = 124	15 + 85 = 100	53 + 65 = 118	48 + 69 = 117

ANSWERS

90 − 45 = 45	48 − 11 = 37	74 − 26 = 48	53 − 16 = 37	45 − 22 = 23	69 − 34 = 35	71 − 42 = 29	83 − 42 = 41	75 − 39 = 36
48 − 25 = 23	61 − 35 = 26	79 − 45 = 34	66 − 45 = 21	47 − 13 = 34	86 − 49 = 37	41 − 25 = 16	76 − 30 = 46	55 − 44 = 11
72 − 29 = 43	76 − 37 = 39	65 − 34 = 31	76 − 28 = 48	43 − 22 = 21	50 − 31 = 19	68 − 25 = 43	76 − 46 = 30	62 − 18 = 44
71 − 28 = 43	31 − 14 = 17	42 − 29 = 13	74 − 46 = 28	50 − 21 = 29	84 − 46 = 38	74 − 27 = 47	91 − 48 = 43	69 − 39 = 30
67 − 20 = 47	32 − 17 = 15	44 − 26 = 18	55 − 41 = 14	76 − 26 = 50	67 − 26 = 41	71 − 28 = 43	27 − 11 = 16	20 − 10 = 10
64 − 40 = 24	62 − 18 = 44	45 − 22 = 23	53 − 11 = 42	81 − 31 = 50	73 − 36 = 37	62 − 37 = 25	35 − 24 = 11	44 − 17 = 27
47 − 33 = 14	84 − 42 = 42	54 − 41 = 13	59 − 44 = 15	48 − 24 = 24	45 − 29 = 16	70 − 36 = 34	37 − 17 = 20	84 − 49 = 35
90 − 45 = 45	58 − 17 = 41	80 − 45 = 35	73 − 35 = 38	59 − 34 = 25	57 − 41 = 16	30 − 10 = 20	77 − 45 = 32	34 − 16 = 18

55 − 43 = 12	66 − 31 = 35	83 − 48 = 35	50 − 20 = 30	60 − 17 = 43	87 − 44 = 43	68 − 50 = 18	40 − 28 = 12	37 − 15 = 22
46 − 13 = 33	69 − 45 = 24	40 − 14 = 26	24 − 12 = 12	26 − 11 = 15	67 − 31 = 36	70 − 25 = 45	65 − 29 = 36	62 − 35 = 27
28 − 18 = 10	52 − 26 = 26	87 − 42 = 45	57 − 13 = 44	50 − 36 = 14	53 − 43 = 10	44 − 26 = 18	60 − 36 = 24	65 − 18 = 47
56 − 18 = 38	73 − 41 = 32	69 − 42 = 27	88 − 50 = 38	56 − 40 = 16	34 − 18 = 16	58 − 27 = 31	50 − 17 = 33	56 − 33 = 23
71 − 27 = 44	47 − 18 = 29	30 − 10 = 20	63 − 48 = 15	86 − 37 = 49	76 − 49 = 27	52 − 33 = 19	58 − 37 = 21	89 − 44 = 45
40 − 10 = 30	51 − 17 = 34	54 − 17 = 37	79 − 39 = 40	73 − 27 = 46	68 − 23 = 45	46 − 30 = 16	59 − 26 = 33	73 − 30 = 43
75 − 39 = 36	78 − 29 = 49	37 − 26 = 11	50 − 21 = 29	63 − 21 = 42	52 − 13 = 39			
32 − 16 = 16	42 − 14 = 28	87 − 40 = 47	51 − 37 = 14	52 − 23 = 29	52 − 24 = 28			
61 − 38 = 23	41 − 29 = 12	61 − 32 = 29	57 − 44 = 13	48 − 26 = 22	64 − 18 = 46			